PRINCIPES

DE

L'ORDRE SOCIAL.

PAR F. BONNIN.

PARIS,

IMPRIMERIE DE POMMERET ET MOREAU,

Quai des Grands-Augustins, 17.

1849.

AVANT-PROPOS.

Connaître sa loi, élever son caractère à la hauteur de cette loi, c'est la grandeur de l'homme.

Connaître les lois naturelles, y soumettre ses actions, c'est la puissance de l'homme.

La grandeur et la puissance de l'homme résultent de sa soumission à des lois qui ne viennent pas de lui, qui sont antérieures à lui, et qui ont leur raison dans un être supérieur, dont elles sont la pensée et la volonté.

L'éternel aliment de l'intelligence de l'homme, c'est la poursuite de ces lois. Nous abordons nous aussi une portion de ce problème inquiet qui, dans tous les siècles, a tant tourmenté le cœur de l'homme, à savoir quelle est sa fin; car nous avons été profondément navrés, en voyant renouveler de nos jours ces doctrines que la Grèce a produites dans sa décadence et qui ont préludé à la décadence de Rome, ces doctrines par lesquelles on a réhabilité et glorifié les passions sensuelles. On a courbé l'homme vers la terre, au lieu de diriger ses regards vers le ciel, on l'a plongé dans la matière, on lui a montré la vie de la bête, et on lui a dit: *Voilà ta fin*. L'homme sera-t-il donc déchu de sa grandeur, et n'entendons-nous plus dans notre France que les derniers craquements d'un édifice qui menace ruine et d'une société qui s'affaisse sur ses fondements détruits? *Dî meliora piis!*

PRINCIPES

DE

L'ORDRE SOCIAL.

CHAPITRE I.

Du problème social.

1. Le problème social a pour but de déterminer la condition des personnes dans la société et la condition des propriétés.

Une révolution sociale change la condition des personnes et la condition des propriétés. Ainsi, autrefois le roi n'était que le suzerain des grands vassaux; ceux-ci étaient suzerains des barons; les barons, à leur tour, avaient des vassaux qui en avaient d'autres. Chacun de ces seigneurs jouissait de droits plus ou moins nombreux, plus ou moins étendus, comme celui de faire la guerre, de rendre la justice, etc. Les propriétés elles-mêmes étaient soumises à des redevances et à des servitudes plus ou moins inégales. Cet ordre de choses n'existe plus; c'est une révolution sociale qui l'a changé.

2. L'humanité ne vit que d'idées sociales; il est aisé de juger, par leur conduite, que Philippe-Auguste, que saint Louis et que bien d'autres monarques avaient au moins le sentiment de cette vérité.

Les idées sociales résument ce qu'il y a de plus général dans la situation d'un peuple. L'organisation politique, la législation civile et les mœurs générales en sont le développement; à peine les masses en ont-elles une connaissance vague et instinctive.

Cette étude n'est point une œuvre de

l'imagination; c'est un travail sérieux qui présuppose la connaissance des éléments intégrants de toute société.

L'étude du rôle que ces éléments ont joué dans l'histoire peut seule nous conduire à déterminer quelles ont été les idées sociales dans le passé. Cette même étude, éclairée de tous les documents que peut seule recueillir une administration vigilante, pourra aussi les constater dans le présent.

Nous n'avons donc point le projet de donner une Icarie ou un Phalanstère; nous laisons ces illusions pour les imaginations de vingt ans. Nous n'avons point le projet de tracer aux hommes d'Etat ce qu'ils ont à faire actuellement ou dans l'avenir, nous laissons cette prétention aux écrivains de journaux.

Nous voulons seulement exposer les caractères des éléments sociaux, dire quelle est la nature des pouvoirs publics, et donner quelques idées sur les mouvements des révolutions sociales.

CHAPITRE II.

Les éléments sociaux.

3. Si une révolution sociale s'opère en changeant la condition des personnes et la condition des propriétés, la première question à étudier est celle des personnes et celle des propriétés.

DE LA PERSONNE.

4. L'arbre fixé dans la terre y puise les sucs qui le nourrissent; il reçoit fatalement les rayons du soleil et l'humidité bienfaisante de la pluie. Il vit par l'action des causes extérieures; lui-même il n'est point cause, et il n'a aucune initiative. L'homme, au contraire,

est chargé du soin de pourvoir légitimement à ses besoins et de préparer lui-même l'accomplissement de sa destinée.

Pour cela, il a reçu du ciel l'activité libre, par laquelle il agit; la raison qui lui fait connaître les lois naturelles des choses et les lois morales du devoir; et enfin, la sensibilité par laquelle il est excité et porté à agir.

5. *L'homme a une initiative qui lui est propre; les choses n'en ont point.*

L'homme a une initiative, parce que son action lui est imputable, que cette action n'est ni fatale, ni aveugle, ni précaire.

En effet, Perrault a construit le Louvre, et cette œuvre ne peut être attribuée qu'à lui. Au-delà de Perrault, il n'y a plus aucune cause à laquelle on puisse rapporter la construction de ce monument; cette construction est donc imputable à Perrault. De plus, Perrault était libre quand il en traça le plan, il pouvait ne pas le tracer; ce plan n'est donc pas une œuvre fatale. Faut-il ajouter que Perrault, en le composant, savait ce qu'il faisait et que son action n'a pas été aveugle; qu'elle n'a point été précaire non plus, c'est-à-dire toute dépendante de circonstances que l'auteur ne pouvait ni prévoir, ni appeler, ni préparer?

Il n'en est pas de même des choses; leur initiative est précaire, aveugle et fatale. Si l'aimant attire le fer, les conditions dans lesquelles il agit, ce n'est pas lui qui les prépare; elles ne dépendent pas de lui. Quand il attire le fer, il ne sait ni comment il l'attire, ni même qu'il l'attire. Enfin, les conditions voulues pour attirer le fer étant une fois données, l'aimant ne peut pas ne pas l'attirer. Donc l'initiative de l'aimant ne lui est pas imputable.

Donc l'homme a une initiative qui lui est propre et les choses n'en ont point.

Donc aussi, au point de vue de l'action, l'homme ne *dépend* de personne, il *s'appartient*; il est *libre*.

Les choses n'ont pas d'initiative; elles ne sont pas sous leur propre dépendance; elles ne s'appartiennent pas. L'initiative de l'homme est soumise aux lois qui gouvernent le monde; elle ne peut rien contre ces lois.

6. Si une chose est dans une condition telle qu'au point de vue de l'action elle soit soumise à toutes mes déterminations, qu'elle les subisse et qu'elle ne soit soumise à aucune autre détermination et n'en subisse aucune autre, cette chose ne sera *dépendante* que de moi-même, et elle *m'appartiendra* comme je m'appartiens.

Voici donc deux sortes de propriétés trouvées en fait; il s'agira de démontrer qu'elles existent en droit (19).

7. *Il y a des lois qui régissent le monde matériel; il y en a qui régissent le monde*

moral. L'homme ne peut pas les annihiler.

C'est une chose trop connue que rien n'arrive au hasard dans le monde, et que la nature physique est gouvernée par des lois, sous la volonté du Dieu qui les a établies.

Le monde moral a aussi ses lois, car tout le monde convient que l'homme a des devoirs à remplir.

L'homme, dans son initiative, doit tenir compte de ces lois et les prendre pour règles; car il ne lui appartient pas de les changer; il ne lui appartient pas de faire que la matière cesse d'être soumise aux lois de l'attraction, ou que la somme des trois angles d'un triangle cesse de valoir deux angles droits; il ne lui appartient pas de faire que le vol cesse d'être une injustice, et la fausseté une perfidie. Les lois morales et les lois naturelles existent indépendamment de la volonté de l'homme; sans elles ou contre elles, l'homme ne fait que le mal.

8. *Les lois ne peuvent avoir que deux modes d'existence : ou bien elles sont dans l'esprit à l'état de connaissance et de règle, ou bien elles sont dans les choses à l'état de propriété.*

Evidemment la loi de l'attraction n'est dans les choses que la propriété dont la matière est douée de s'attirer. Hors de la matière et avant la matière, cette loi n'est qu'une possibilité; cette possibilité est éternelle sans doute, mais elle n'a de réalité et d'existence qne dans un esprit qui la conçoit.

Cette proposition que la somme des trois angles d'un triangle vaut deux angles droits, n'est dans le triangle que la propriété qu'a la somme des trois angles d'être égale à deux angles droits; hors du triangle, cette vérité n'a d'existence que dans l'esprit qui la conçoit.

Il en est de même de toutes les lois physiques et mathématiques : elles ne sont dans les choses qu'à l'état de propriété, elles sont dans l'esprit à l'état de connaissance et de règle.

La loi du devoir n'est pas moins réelle que les lois mathématiques et physiques. Elle ne se trouve point dans les choses à l'état de propriété; elle n'apparaît à notre esprit que comme règle.

9. *La prudence consiste à soumettre notre volonté aux lois naturelles des choses et aux lois naturelles des êtres libres; par elle nous usons des choses suivant leurs propriétés, et des êtres libres suivant leurs caractères.*

L'homme dispose des choses; s'il est prudent, il en use suivant leurs propriétés; s'il n'est pas prudent, il en use suivant son caprice et sans tenir compte de leurs lois. Mais ces lois ont une force invincible, et leur effet est infaillible. Le feu brûle; il vous brûlera si vous y mettez la main. L'homme prudent tient compte de cette propriété.

Par ignorance, par imprudence, ou par orgueil, l'homme peut vouloir user des choses contrairement à leurs propriétés; il peut vouloir établir une pareille lutte, mais il y est toujours vaincu. Il ne peut détruire les lois; le feu brûlera toujours.

Une spéculation élevée pourrait demander comment une loi aveugle, dans une matière aveugle et sans initiative propre, peut lutter contre une force vive et éclairée et peut en triompher; elle pourrait demander ce que c'est qu'une loi, une propriété indépendamment d'une volonté puissante qui la maintient, et trouver ainsi que les lois naturelles n'ont une sanction infaillible, actuelle, que par la volonté du Dieu même dont elles dépendent. Nous laisserons ces hautes considérations, et nous nous en tiendrons au titre de ce paragraphe.

10. *La vertu consiste à soumettre sa volonté à la loi du devoir; cette loi n'in-*

tervient ici-bas que pour régler la volonté, et, par elle, les actions.

L'homme ne peut annihiler aucune loi ; il succombe dans ses luttes contre les lois mathématiques et physiques. Il succombera également dans ses luttes contre le devoir.

La loi morale a pour objet de régler celles de nos actions que nous faisons en tant qu'êtres moraux. Comme cette loi n'existe dans aucun être à l'état de propriété, elle n'a pas, comme les lois naturelles, une sanction immédiate. Le feu brûle, et il vous brulera si vous y mettez le doigt, parce que la loi de combustion existe à l'état de propriété dans les choses ; l'imprudence reçoit aussitôt son châtiment. L'injustice aura aussi son châtiment ; mais, la loi du devoir n'existant pas à l'état de propriété dans les êtres vis-à-vis desquels elle est violée, la sanction de la loi, quoique infaillible, n'est pas immédiate.

Par cette raison la vertu est plus difficile que la prudence, et il y a d'heureux scélérats qui rient de la vertu et qui disent qu'elle n'est qu'un nom et un leurre. Mais la vertu est bien réelle, elle consiste tout entière dans la soumission de notre volonté à la loi du devoir; elle fait la moralité de nos déterminations d'abord et ensuite celle de nos actions.

11. *Passions.* — Ce ne sont pas les lois du monde au milieu duquel il vit qui excitent l'homme à agir; ces lois ne servent qu'à régler son action. L'homme est excité à agir par tous ces mouvements de l'âme, tels que les appétits, les désirs, les sentiments, les passions, en un mot par tout ce qui émeut l'âme et qui la fait sortir de son état de calme et de repos.

Ces émotions naissent en nous dans des circonstances données, et elles se développent suivant certaines lois; l'âme les reçoit plus ou moins facilement, suivant qu'elle est plus ou moins ouverte à leurs impressions. Quand nous connaissons les lois auxquelles nos émotions sont soumises, nous pouvons préparer les circonstances dans lesquelles elles se produisent; nous pouvons nourrir, exciter les passions et les porter jusqu'à leur dernier degré de paroxisme; nous pouvons aussi les affaiblir et les éteindre.

12. *Par elles-mêmes, les émotions n'appartiennent pas à l'ordre moral.* — En effet, que la reconnaissance ou l'envie m'excitent à agir, cette excitation ne provient pas de moi, ce n'est pas moi qui la fais, elle ne m'est pas imputable. La seule chose qui me soit imputable et qui soit morale, c'est la détermination de ma volonté par suite de cette excitation; c'est l'assentiment que je donne ou que je refuse à l'émotion qui m'excite.

Loin de nous toutefois l'intention de dire qu'il n'y a pas de bonnes passions et qu'il n'y en a pas de mauvaises. La reconnaissance est bonne, l'envie est mauvaise ; mais quoique bonne, la reconnaissance n'est pas moralement bonne ; l'envie est mauvaise ; mais elle n'est pas moralement mauvaise. La reconnaissance et l'envie n'ont par elles-mêmes aucune valeur morale ; toute la moralité qu'elles reçoivent, elles l'empruntent à la détermination de la volonté. Seules, avant cette détermination, elles sont bonnes comme un soleil bienfaisant est bon, elles sont mauvaises comme une maladie est mauvaise. Le lion passe pour généreux et reconnaissant, parce que son âme est facilement ouverte aux émotions qui portent à la générosité et à la reconnaissance, et que ce noble animal obéit à leurs inspirations. Mais dirons-nous pour cela que le lion soit un être moral, qu'il ait cherché à conformer sa conduite à la loi du devoir? Non ; cette loi, il ne la connaît pas, Dieu ne la lui révèle point ; le lion est sensible aux émotions de la reconnaissance, il s'y laisse facilement aller, et voilà tout. C'est ainsi que le chien est fidèle et dévoué, sans qu'il y ait aucune moralité dans ses sentiments; le tigre est féroce et cruel, sans que sa férocité ait aucune connexion avec la loi du devoir qu'il ne connaît pas. Le tigre, le chien et le lion résistent quelquefois aux sentiments qu'ils éprouvent; mais les motifs de leur résistance ne sont pas puisés dans une loi qu'ils ne connaissent pas, et ils n'ont rien de moral.

13. *D'un excitateur qui est tout moral.* — Outre les passions bonnes ou mauvaises qui nous sollicitent, nous sentons encore en nous quelque chose qui n'est pas la passion, qui n'est pas la volonté, et qui nous porte à résister aux mauvaises passions et à suivre les bonnes.

Cette inspiration mystérieuse, qui vient au moment d'une détermination morale, en ce moment seul et jamais en d'autres, qui, sans la forcer, incline notre volonté vers le bien, a une efficacité toute morale, et ne peut être que rangée dans l'ordre des choses morales.

14. *De l'initiative au point de vue purement animal.*

Au point de vue purement animal, il suffit que la sensibilité soit émue pour qu'une action s'ensuive. Dès qu'il est excité, l'animal cherche à satisfaire son appétit ou son désir, et sa volonté prend toute l'intensité et toute l'énergie de la passion qui l'anime. C'est ainsi que la destinée animale s'accomplit.

On raconte que, pour prolonger le temps de leurs amours, les coqs de perdrix cassent les œufs de leurs femelles et les empêchent de couver. Les coqs obéissent à une émotion tout animale; ils connaissent les moyens de satisfaire leurs désirs, leur destinée animale s'accomplit. Quand le chien s'élance avec fureur sur son adversaire, quand il s'adoucit et se calme à la voix de son maître, il obéit aux émotions qu'il éprouve, et sa vie animale s'accomplit. Les bêtes se disputent et s'arrachent leur proie; elles usent de ruse pour s'en emparer, elles obéissent ainsi à leurs impulsions, à leurs calculs mêmes si l'on veut, et leur vie animale s'accomplit.

Au point de vue purement animal, l'initiative n'est dirigée ni par la notion du devoir, ni par ce sentiment intime (13) qui incline la volonté dans les déterminations; elle est poussée par la passion et dirigée quelquefois par des calculs d'intérêt.

15. *De l'initiative au point de vue moral.*

Dans l'émotion qu'il éprouve, l'homme aussi voit un but à atteindre; il le voit, comme les animaux, au point de vue de la passion et du calcul, mais il le voit aussi au point de vue moral, et il lui répugne d'employer son activité pour un but que la morale condamne. Alors sa volonté, en restant libre, est inclinée vers le bien.

Ainsi, dans l'initiative de l'homme, il intervient un élément de plus que dans l'initiative de l'animal; cet élément, c'est le devoir.

16. *La liberté ne constitue pas le droit.*

Ce n'est pas parce que je puis me mouvoir que j'ai le droit de me mouvoir, d'entrer librement dans votre maison, d'enlever vos meubles, de vous repousser par la violence et de vous maltraiter.

Ce n'est pas parce que j'ai une initiative personnelle que j'ai le droit d'en user à mon gré. L'animal aussi a une initiative qui lui est propre, et l'animal n'a aucun droit.

L'initiative personnelle ne constitue donc pas le droit.

17. *Le devoir seul constitue le droit.*

Supposer le devoir sans la possibilité de le remplir, c'est supposer un non-sens, c'est détruire jusqu'à l'idée du devoir. Ne serait-ce pas un non-sens de dire que c'est un devoir pour chacun de nous de composer une iliade, ou d'inventer le calcul différentiel? Imposer cette condition comme devoir ne serait-ce pas détruire jusqu'à l'idée du devoir par l'impossibilité même de son accomplissement? Vis-à-vis des forces matérielles, le devoir suppose donc toujours la possibilité.

Mais nous disons que le devoir seul constitue le droit. Ainsi la mère a le devoir d'allaiter son enfant, je dis qu'elle en a en même temps le droit. En effet, il y aura déjà possibilité vis-à-vis des forces matérielles, si Dieu a mis dans le sein de la mère le lait propre à nourrir l'enfant. Il n'y aura donc plus que les forces morales qui puissent mettre obstacle à l'accomplissement du devoir; mais celles-ci reconnaissent le devoir de la mère, elles reconnaissent en même temps qu'il y a obligation pour elles de le laisser remplir; elles reconnaissent que le devoir de la mère les oblige et les lie, qu'il fait le *droit* de cette mère vis-à-vis d'elles. Ainsi le devoir constitue le droit, *et réciproquement tout droit est corrélatif à un devoir sur lequel il repose*. En effet, si je réclame, par exemple, le respect dû à ma personne, à quel titre puis-je le réclamer comme un droit? A quel titre puis-je exiger qu'on ne me trompe pas, qu'on ne me maltraite pas, sinon parce que ces actes apportent un empêchement au devoir que j'ai à remplir? Pourquoi l'animal n'a-t-il pas le même droit, sinon parce qu'il n'a pas de devoirs?

Le droit repose donc sur le devoir et sur le devoir seul; c'est une puissance morale qui oblige tous vis-à-vis de chacun.

DE LA PROPRIÉTÉ.

18. La propriété est le droit qu'a l'homme de disposer des choses.

19. *La propriété des choses est légitime; elle existe en vertu d'un droit.*

Si c'est un devoir pour l'homme de pourvoir lui-même légitimement à ses besoins, il a le droit de remplir ce devoir, et ce droit impose des devoirs corrélatifs à tous ses semblables (17).

Pour remplir ce devoir, l'action de l'homme se porte vers les objets passifs, dépendants et propres à satisfaire ses besoins, c'est-à-dire vers les aliments que la nature lui offre. Ainsi le sauvage cueille les fruits et les racines des forêts; l'homme civilisé cultive la terre et récolte des moissons. Dans ces deux cas, l'homme a pour but de remplir un devoir, son action s'exerce donc en vertu d'un droit, et elle se porte vers les objets où elle ne rencontre ni droits ni devoirs; c'est donc un devoir pour tous les autres hommes de respecter cette action et le droit en vertu duquel elle s'exerce.

Les objets sur lesquels le droit s'exerce demeurent donc à la libre disposition du sauvage et de l'homme civilisé; ils sont *leurs*, ils sont *leur propriété*, et la propriété est fondée sur le droit, elle est légitime.

20. *La propriété s'acquiert primitivement par l'occupation.*

En effet, le sauvage, qui cueille des fruits et des racines avec toute l'autorité du droit, n'exerce ce droit et ne possède que par l'occupation. L'homme civilisé, qui cultive un champ et qui le possède avec toute l'autorité du droit, n'exerce ce droit que par l'occupation.

Nous verrons plus tard que le travail conduit aussi à la propriété, mais non pas à la propriété primitive. Le travail ne s'exerce avec l'autorité du droit que sur une matière déjà possédée; cette matière, déjà possédée antérieurement au travail, n'a pu s'acquérir que d'une seule manière, par l'occupation.

L'occupation a lieu en vue d'un devoir; elle existe donc en vertu d'un droit, elle est donc légitime.

21. *Les objets de la propriété sont 1° toutes les choses matérielles qu'il est possible d'occuper ; 2° tous ceux des êtres libres qui n'ont ni devoirs ni droits.*

Le devoir seul constitue le droit (17); les êtres qui n'ont pas de devoirs ne peuvent revendiquer aucun droit, ni nous imposer par eux-mêmes aucune obligation. En se les appropriant, l'homme ne viole vis-à-vis d'eux aucun droit, et s'il en use pour remplir un devoir, il en use avec toute l'autorité du droit.

Les choses matérielles sont dans ce cas. Elles sont sans initiative, sans devoirs et sans droits; elles sont dépendantes (5); elles peuvent donc, par leur nature, être l'objet de la propriété.

Aussi, dans le monde matériel, au milieu duquel nous vivons, rien n'échappe à la domination de l'homme; il s'approprie tout.

L'air, il le consomme chaque jour, au foyer de sa cheminée et dans les diverses applications des arts. Il s'approprie les quantités d'eau qu'il va puiser aux sources communes, les cours d'eau, les puits, les fontaines. Quand le Christ a dit qu'il nous tiendrait compte d'un verre d'eau donné en son nom, il l'a dit parce que le verre d'eau, quand nous l'avons puisé à la source commune, quand nous l'avons occupé, il devient *nôtre*. Le sentiment et la pratique de tous les peuples sont d'accord avec ce que la théorie démontre.

Les êtres libres, qui n'ont ni devoirs, ni droits, sont, au point de vue moral, comme les choses. On peut se les approprier légitimement; car, en étendant notre action sur eux, nous ne rencontrons chez eux ni devoirs, ni droits qui puissent limiter cette action. Les animaux sauvages vivent en pleine liberté; rien ne les contrarie, rien ne s'oppose à leur libre activité; mais, par son habileté, par son ascendant, l'homme parvient à diriger leur initiative, à la tourner à son profit. Alors ces animaux sont asservis; nous disons qu'ils sont domptés, apprivoisés; ils sont *nôtres*. Nous le répétons, quoique libres, au point de vue du droit, ils sont pour nous à l'état de choses. L'action de l'homme, quand elle se porte vers ces objets, ne saurait s'arrêter devant un droit qu'elle n'y trouve point (17); l'homme peut donc se les approprier légitimement, et l'animal est un des objets de la propriété.

Nous pouvons enfin respirer à l'aise et nous tranquilliser un peu. La propriété est bien légitime. Nous n'avons pas seulement l'usufruit des choses, nous en avons bien le domaine, et il nous sera permis de recevoir, sans abus, un ami à notre table, de donner, sans abus, une part de nos biens au pauvre qui souffre; ce que nous ne saurions légitimement faire, si la propriété n'était légitime.

Ou plutôt le mot *donner*, qui appartient à toutes les langues, n'aurait plus de sens, et le premier venu pourrait s'asseoir à notre table et prendre sa part des biens que nous aurions ramassés, et que ni nous ni personne ne serait apte à posséder.

La propriété est nôtre ; nous pouvons donner et vendre; nous pouvons tester et désigner nos héritiers, car le testament est une forme de la donation. L'hérédité fait droit, comme l'occupation. Car l'hérédité n'est, dans la loi, que la sanction de cette tendance et de cette pratique, par lesquelles nous choisissons nos héritiers parmi nos proches (*a*).

(*a*) Tester est une manière de donner. Or, c'est un fait généralement vrai, que, dans tous les pays et dans tous les temps, le père veut laisser son bien à ses enfants, par des partages plus ou moins égaux, et qu'il le veut alors qu'il est bien vivant et qu'il peut bien donner. C'est un fait généralement vrai, qu'à défaut d'enfants, l'homme donne son bien à ses plus proches parents. La loi et l'usage constant

22. *Les êtres moraux ne peuvent être légitimement asservis.*

L'homme a des devoirs à remplir ; il a le droit de les remplir. Ses semblables respecteront donc ce droit ; ils respecteront l'initiative par laquelle l'homme accomplit ses devoirs. Donc cette initiative ne saurait être légitimement asservie.

L'asservissement de l'homme est possible quant au fait ; il est injuste quant au droit.

23. Les besoins de l'homme ne se rapportent pas tous au corps ; ils ne sont pas tous matériels. L'âme aussi a des besoins d'un ordre plus élevé que ceux du corps, et c'est en les satisfaisant que

---

des peuples ont dispensé les citoyens de faire ces donations. La loi a réglé l'hérédité suivant les besoins généraux des divers siècles.

Mais, d'une autre part, la propriété est personnelle, et l'homme peut en disposer à son gré ; aussi la faculté de tester est reconnue par la loi, et les principes légaux de l'hérédité ne sont appliqués qu'à défaut de testament.

en œuvre. L'intelligence, ou le talent, l'ouvrier et le capital sont les trois agents du travail; tous trois ensemble ils doivent constituer le *travailleur*. Si l'un des trois manque, le travail est impossible.

25. *Le travail a pour résultat général de modifier, de façonner, de combiner, d'asservir des objets donnés, ou de chercher des objets proposés.*

En effet, 1° le statuaire taille le marbre et lui donne une forme nouvelle; l'ébéniste façonne le bois et le convertit en meubles;

2° Le vigneron s'exerce sur des objets insaisissables à ses organes, mais dociles à l'action de son travail et soumis médiatement à celle de sa volonté; ce sont les molécules qui viennent se renfermer dans le raisin et qui s'en dégageront pour constituer le vin;

3° Par l'éducation qu'il donne aux animaux, en les dressant, en les soumettant au joug, l'homme les apprivoise et les asservit;

4° Enfin, par le travail, l'homme cherche aussi un objet proposé. Ainsi Colomb cherchait des terres nouvelles; ainsi les spéculateurs font des fouilles pour trouver de la houille, de la marne; ainsi des aventuriers courent au Sacramento et vont chercher de l'or. Quand l'objet qu'ils poursuivent est rencontré, alors le travail est fini, il n'y a plus qu'à prendre possession par l'occupation; cette matière occupée devient presque toujours l'objet d'un nouveau travail.

L'homme poursuit quelquefois un objet imaginaire, et son travail est vain; ainsi les alchimistes ont cherché la pierre philosophale; ainsi les naturalistes ont demandé à je ne sais quelle contrée cet arbre qui produisait des œufs et des canards, et celui qui se chargeait de têtes vivantes mollement balancées dans les airs et rendant des sons harmonieux.

26. *Le travail ne crée pas ; il améliore et fait ainsi la richesse.*

L'ébéniste ne crée pas le bois dont il fait ses meubles ; mais, en le façonnant, il le rend propre à l'usage des hommes et lui donne une valeur nouvelle.

Le vigneron ne crée ni le raisin ni les molécules dont le raisin se compose ; mais, par le travail du vigneron, ces molécules se combinent, s'organisent et constituent le raisin. En devenant ainsi propres aux usages des hommes, elles acquièrent une valeur qu'elles n'avaient pas.

C'est cette valeur nouvelle qui constitue la richesse. Le travail a donc pour résultat d'augmenter la valeur d'une matière déjà possédée, en la rendant propre aux usages de la vie.

Le travail ne peut s'exercer avec l'autorité du droit (20) que sur une matière déjà possédée. La nouvelle valeur que le travail donne à la matière ne fait pas que la matière non possédée par le travailleur devienne sa possession; le travail ne change pas, ne détruit pas le droit des tiers. La matière qui n'est pas possédée n'est pas à la libre disposition du travailleur.

Quand le travail cherche et trouve un objet proposé, il ne crée pas cet objet, il n'en donne pas la propriété; seulement il prépare l'occupation, qui seule donne la propriété.

27. *Le travail constitue un droit en faveur des agents du travail.*

Quand le travail, respectant le droit d'autrui, a pour but l'accomplissement d'un devoir, il s'exerce en vertu d'un droit; il tend légitimement au but propose (17).

L'ébéniste, qui fait des meubles pour vivre et pour faire vivre sa famille, travaille en vertu d'un droit, le but qu'il poursuit est légitime; le résultat général de son travail, les meubles qu'il a faits sont à sa libre disposition; ils *sont siens*. Si le bois sur lequel l'ébéniste travaille appartient à un étranger, l'ébéniste a besoin du concours de l'étranger, et tous deux tendent légitimement au but qu'ils se proposent, tous deux ont des droits sur les meubles fabriqués.

Indépendamment de cela, il serait facile de montrer que l'homme, ayant droit au libre exercice de ses facultés, a droit également aux résultats qu'il obtient par le travail. Si ces résultats ne demeuraient pas à sa libre disposition, s'il en était incessamment privé, ses facultés actives tomberaient dans le repos; il n'y aurait plus pour lui d'initiative, alors le droit et le devoir périraient. C'est là ce que l'on obtiendrait en privant incessamment l'homme des résultats de son travail; il y a impossibilité à le faire et injustice à le tenter. Donc chacun des agents du travail concourt en ce qui le concerne, à la production du travail (24). Le résultat final est donc poursuivi et atteint par chacun, et il devient une richesse divisible entre chacun, suivant le concours que chacun a prêté.

Nous ne pouvons nous empêcher de répéter ici que, si le travail ne fait qu'arranger et disposer la matière (25), cette disposition et cet arrangement ne peuvent être à la libre disposition du travailleur qu'autant que la matière elle-même, qu'il a façonnée, est à sa libre disposition. Donc la matière est bien l'objet réel et légitime de la propriété, et elle a été faite propriété avant le travail (20).

28. *Quand le travail s'exerce sur la propriété d'autrui, il suppose l'assentiment d'autrui.*

La propriété est de droit (20, 27); toute action s'arrête devant le droit (17); elle s'arrête donc devant la propriété d'autrui, et nul ne peut exercer son action sur cette propriété qu'avec l'assentiment du propriétaire.

Cet assentiment est absolu ou conditionnel ; dans tous les cas, il fait participer le cessionnaire au droit du propriétaire, car il n'est qu'une communication de ce droit. Ainsi je vous cède libéralement, sans condition, la jouissance d'un champ pour une ou plusieurs années; vous cultivez ce champ légitimement et vous récoltez légitimement. Mais je puis aussi mettre une condition à l'assentiment que je vous donne; si j'exige un prix de fermage, votre travail n'en sera pas moins légitime, pourvu que vous restiez fidèle à la condition.

Vous pouvez encore travailler légitimement sur la propriété d'autrui, quand votre travail est un concours que vous offrez libéralement et qui est volontairement accepté, ou bien lorsqu'il est offert et accepté avec condition.

Dans tous ces cas, le travail s'exerce

avec l'autorité du droit, et non pas avec la tolérance du fait.

29. Il n'entre pas dans le plan de cet ouvrage de déterminer dans quelle proportion chacun des trois agents du travail concourt à la production de la richesse, ni de déterminer quels sont les droits de chacun dans le partage de cette richesse, il suffit d'avoir montré que les droits de chacun sont également fondés et également légitimes.

BASES ET FIN DE TOUTE NATIONALITÉ.

30. *La famille.* — L'homme ne vit pas seul; l'isolement lui pèse. Un instinct de la nature lui fait rechercher ses semblables. Il éprouve je ne sais quel charme dans leur société, même quand il ne fait avec eux aucun échange de pensées, il lui suffit de les sentir près de soi. C'est cette tendance instinctive qui est le premier mobile de toute asso-

ciation et qui forme le premier lien de la famille.

La famille est une association primitive que l'histoire nous montre dans tous les temps et dans tous les lieux. Elle varie de forme, mais elle existe partout. Ici, elle est un patriarcat, un clan, une tribu ; là, elle subit la hiérarchie féodale, elle s'étend avec le nom, ou bien elle s'arrête aux premières branches collatérales. Ces formes naissent de la nécessité des temps et des besoins de la condition sociale.

On peut bien imaginer des nationalités sans familles, et dire avec Platon que les enfants seront enlevés à leur naissance et transportés dans des crêches, où les mères viendront les allaiter, sans reconnaître ceux qui sont nés d'elles. Mais si on peut avoir une idée nette de ces choses, c'est que rien n'empêche les philosophes de créer des imaginations fantastiques qui ne répondent à rien dans la nature.

La famille reste donc malgré les conceptions contraires; elle est l'élément constituant des nationalités. Nous avons vu des pays où la vertu conjugale était extraordinairement affaiblie; il y en a eu où la loi elle-même et la volonté des maris ont autorisé les infidélités des épouses (*a*); mais jamais ces aberrations n'ont pu prévaloir contre la famille. C'est par familles que les nations s'agrégent et vivent.

31. *Les nations sont des associations formées sans conventions et sans but connu d'avance.*

Si c'est par une tendance instinctive que les hommes se réunissent (30), il est évident que leur réunion n'est point le résultat d'une convention. Les lois qui régissent l'association sont l'expres-

---

(*a*) A Sparte, à Rome même, il était permis de céder sa femme à un autre et de la reprendre ensuite.

sion de la condition sociale, des besoins, des usages et ne sont point des conventions (43).

Le but de l'association n'est point connu d'avance : cela est si vrai qu'aujourd'hui même que l'Assemblée nationale vient de dire dans la Constitution quel est le but (*a*) vers lequel le peuple français s'est proposé de marcher, nous ne craignons pas d'affirmer que la presque totalité des Français ne connaît pas ce but.

Une association qui naît d'elle-même, sans volonté réfléchie, sans but connu

---

(*a*) Elle (la nation française) s'est proposé pour but de marcher plus librement dans la voie du progrès et de la civilisation, d'assurer une répartition de plus en plus équitable des charges et des avantages de la société, l'aisance de chacun par la répartition graduée des dépenses publiques et des impôts, et de faire parvenir tous les citoyens, sans nouvelle commotion, par l'action successive et constante des institutions et des lois, à un degré toujours plus élevé de moralité, de lumières et de bien-être.

Constitution de 1848. Décl. art. 1.

d'avance, sans convention, par instinct, et qui ne peut pas ne pas naître, une pareille association ne saurait être comparée à celles qui se forment librement, dans un but déterminé, bien connu de tous, bien accepté, comme sont les associations commerciales, littéraires, etc.

32. L'homme demeure donc en famille, sous l'instinct de sociabilité; les familles, réunies dans un même lieu, sous des conditions analogues, avec des besoins identiques, des mœurs et des habitudes semblables, forment un corps de nation. La nation a donc pour éléments et pour bases la famille et la propriété. Aussi la propriété et la famille ont quelque chose de supérieur et de métaphysiquement antérieur à la nationalité; elles lui commandent et elles ne doivent rien subir d'elle. La famille et la propriété sont antérieures à l'organisation sociale; elles sont les prémisses

et celle-ci est la conséquence. La propriété et la famille ne subissent rien de la part du sage; elles lui imposent, au contraire. L'homme d'Etat qui s'occupe du problème social doit prendre les personnes et les propriétés telles que l'histoire les lui donne, sans quoi il s'occupera d'un idéal sans réalité, et, agir ainsi, c'est établir une lutte de l'homme contre le destin, c'est mettre en parallèle la sagesse des sages avec la sagesse de Dieu. Toute solution du problème qui ne reposera pas sur les données historiques ne fournira que des racines imaginaires; les hommes en ont fait trop souvent la cruelle expérience.

33. La société a donc pour éléments l'homme réuni en familles avec tous ses intérêts moraux et matériels, c'est-à-dire l'homme tel qu'il est avec la propriété telle qu'elle est. La fin, le résultat nécessaire de cette réunion ne saurait être que la protection de l'homme

avec tous ses intérêts, c'est-à-dire la protection des personnes et des propriétés. Et en effet, ne voyons-nous pas que toutes les législations, tous les codes, toutes les coutumes écrites déterminent la condition des personnes dans la société et la condition des propriétés, et que les législateurs n'ont jamais eu d'autre but que de déterminer ces conditions, afin de protéger les personnes et les propriétés, au point de vue de ces mêmes conditions.

Si, à des époques de violence, on a vu les maîtres du pouvoir persécuter les citoyens; si Marius a proscrit les partisans de Sylla et Sylla les partisans de Marius; si l'on a donné aux uns les propriétés des autres, n'a-t-on pas cherché aussi à couvrir ces odieuses persécutions des prétextes les plus honnêtes? Ne les a-t-on pas dites nécessaires pour le salut de tous et pour la protection des bons citoyens? De sorte qu'au milieu de l'injustice même on s'en référait encore à la règle.

LIEN DE TOUTE NATIONALITÉ.

34. *Toute nationalité a pour liens la justice, la charité, la religion et la solidarité.*

35. Toutes les prescriptions de la justice peuvent se résumer dans cette formule : *Tu ne nuiras pas.*

C'est avec les facultés que Dieu lui a départies que l'homme est chargé de pourvoir lui-même légitimement à ses besoins et de préparer lui-même l'accomplissement de sa destinée. Il a donc le devoir d'user légitimement de ses facultés et le droit de ne pas être entravé dans leur libre et légitime exercice. Chacun a donc le devoir de respecter ce libre et légitime exercice.

S'opposer à nos actes les plus innocents, c'est s'opposer à ce libre exercice; s'attaquer à la propriété, c'est s'attaquer à l'activité légitime de l'homme; altérer la vérité par le mensonge, induire en erreur par la flatterie, tromper en faussant sa parole, c'est s'attaquer directement à la croyance et à la raison de l'homme. Faire subir de mauvais traitements au corps, affliger, irriter l'esprit par des injures, c'est s'attaquer à la sensibilité. Les trois formes les plus générales de cette lutte contre le droit et contre la justice consistent donc à nuire à l'homme dans ses facultés les plus générales; donc la justice, qui condamne cette lutte, peut se résumer tout entière dans cette formule : *Tu ne nuiras pas*.

Chaque homme a le droit d'exiger de ses semblables qu'ils ne lui nuisent point.

Chaque homme, chargé du soin de pourvoir légitimement à ses besoins et de préparer lui-même l'accomplissement de ses destinées, a le droit de repousser l'injure.

La justice, en donnant à l'homme le

droit d'exiger que ses semblables ne lui nuisent point, en lui donnant le droit de se protéger lui-même et de repousser l'injure, ne lui donne point le droit d'exiger le concours d'autrui, c'est-à-dire, suivant une expression dont on a quelque peu abusé, le droit d'exploiter autrui.

36. Toutes les prescriptions de la charité peuvent se résumer dans cette formule : *Tu viendras librement au secours de tes semblables.*

L'homme a bien le droit de dire à son semblable : *Tu ne t'attaqueras pas à mon activité ; tu n'en réprimeras pas les efforts ; tu respecteras ma propriété.* Mais a-t-il le droit de dire : *Tu joindras tes efforts aux miens, tu travailleras pour moi, et les fruits de ton travail seront miens ?*

Evidemment non. Il peut demander, prier, mais il ne peut pas exiger.

Ce que la justice n'a pas le droit d'exiger, la charité le donne libéralement. La charité s'emploie au profit d'autrui ;

elle donne, par un sacrifice, son travail et ses biens.

De même, vous avez bien le droit d'exiger que je ne vous trompe pas, que je ne vous induise pas en erreur; mais vous n'avez pas le droit d'exiger que j'emploie mon temps et mes efforts à vous éclairer. Vous pouvez bien repousser l'injure et les mauvais traitements, mais vous ne pouvez pas en réclamer de bons, comme une chose due. Ce que la justice ne saurait imposer, on l'obtient par la charité.

Quoiqu'on ne puisse exiger de moi ce que la charité donne si libéralement, je sens cependant que la charité m'impose des devoirs suivant mes forces, et que, si ces devoirs ne me lient pas devant les hommes, ils me lient devant Dieu (37). Je sens enfin qu'au-delà des actes de charité, il y a les actes de dévouement qui ne sont pas obligatoires, mais qui n'en sont pas moins méritoires, quoiqu'ils ne me lient ni devant les hommes ni devant Dieu. Le dévouement d'Eustache de Saint-Pierre était de ce nombre.

Ainsi les formes les plus générales de la charité consistent à prêter volontairement notre concours à l'activité de nos semblables, à éclairer volontairement leur raison, à adoucir leurs souffrances, à leur procurer les joies et les plaisirs permis. Aucun de ces devoirs ne nous lie devant les hommes, et tous sont méritoires devant Dieu.

37. *Le devoir nous oblige vis-à-vis de Dieu.*

La loi du devoir n'est point une propriété des choses (8); l'esprit humain reconnaît que cette loi est réelle, qu'elle est antérieure à lui, indépendante de lui, et qu'elle lui apparaît comme règle de sa volonté et de ses actions.

Avant donc d'être dans l'esprit humain, la loi du devoir était et ne pouvait être que daus un esprit qui en fait la réalité et la puissance (8). Eternelle ou non, cette loi, qui nous oblige, nous oblige non vis-à-vis des choses dans lesquelles elle n'existe pas, mais vis-à-vis de l'esprit même où elle a toute sa réalité.

Dieu ne laissera point défaillir cette loi; il n'en laisse défaillir aucune. L'homme peut bien tenter de lutter contre les lois naturelles des choses, mais il est vaincu dans cette lutte (7), parce qu'il ne peut abroger ces lois. Il peut bien tenter aussi de lutter contre la loi du devoir, mais il sera vaincu dans cette autre lutte, parce qu'il ne peut pas plus abroger la loi morale que les lois naturelles. La loi morale a donc une sanction. Mais cette loi règle la volonté jusqu'à la dernière heure de la vie; la sanction peut-elle donc avoir lieu avant la dernière heure de la vie, avant que l'œuvre de la volonté ne soit consommé?

Il y a donc une autre vie; il y a des peines et des récompenses.

L'œuvre de la religion consiste donc à nous montrer que le devoir nous oblige directement vis-à-vis de Dieu; qu'après cette vie, il y en a une autre, où les bons seront récompensés et les méchants punis. L'œuvre de la religion est donc de maintenir sans cesse la volonté dans les règles du devoir, en *reliant* l'homme à Dieu, et de pousser constamment l'homme à la pratique du devoir, en vue de Dieu.

En résumant, nous rappellerons encore qu'une loi ne peut avoir de réalité que dans les choses où elle existe à l'état de propriété, ou dans un esprit où elle est à l'état de connaissance et de règle; la loi du devoir n'a point ce premier mode d'existence; si on lui ôte le second, elle n'est plus qu'un vain mot, une conception imaginaire et chimérique. La loi du devoir, prise en elle-même, est ce qu'on appelle *la morale*; la morale se rattache donc à Dieu, qui est son fondement, et, sans la religion, la morale n'est plus qu'une ombre, une inanité, une déception.

La religion élève le devoir à une hauteur qui fait toute la dignité de l'homme; par la religion, l'homme soumet sa volonté à la volonté divine, et devient ainsi une image de Dieu sur la terre.

38. *La solidarité est aussi un lien des sociétés humaines.*

Nous ne parlons point de cette solidarité étroite et mesquine qui prend naissance dans des calculs d'intérêt et qui ne saurait dominer la société, ni lui être supérieure, mais d'une solidarité plus grande et plus large, à laquelle nul de nous ne saurait échapper, qui fait de chaque nationalité un tout qui a sa vie propre, et de l'espèce humaine un tout complet qui résume toutes les nationalités particulières. Ainsi nous sommes et nous demeurerons, bon gré mal gré, solidaires du dix-huitième siècle et du siècle de Louis XIV, du siècle de François Ier et de celui de Louis XI, du siècle de saint Louis enfin, de celui de Hugues Capet, de Charlemagne, de Clovis et de la domination des Romains. Il y a suite dans la longue existence des peuples; nous sommes ce que les générations précédentes nous ont faits; nous payons les fautes de nos pères, comme nous jouissons des fruits de leur prudence et de leurs vertus. Notre éducation se fait sous l'influence de leurs croyances et de leurs traditions, et sous l'influence du spectacle que les contemporains mettent sous nos yeux.

Nous sommes solidaires encore en ce que tous les besoins de la vie se satisfont par des échanges continuels : l'un est forgeron ou tisserand; l'autre, avocat ou médecin; un troisième, soldat ou professeur. Mais le professeur travaille pour tous, et tous travaillent pour lui; le soldat, le médecin, le forgeron travaillent pour tous, et tous travaillent pour eux. Nul ne se suffit à lui-même, et chacun, ayant besoin de tous, concourt en même temps à satisfaire les besoins de tous.

39. L'Etat est le tuteur naturel de tous les citoyens; sa mission est de déterminer et de protéger l'ordre que la solidarité établit entre tous les citoyens et de rendre à chacun la justice que chacun a le droit de revendiquer. Quant à la charité et à la religion, elles ne tombent sous son autorité qu'autant que, dans leur mode d'exercice, elles ont des rapports avec l'ordre public.

40. Quand nos habitudes et nos passions sont conformes à la loi du devoir, elles sont des vertus sociales; elles sont, au contraire, des vices, lorsqu'elles sont opposées à cette loi. L'amour du travail, l'économie, la sobriété, la tempérance, la continence, la bonne foi, la piété, etc., font la prospérité des nations; elles maintiennent l'ordre et la paix. L'irré-

ligion, l'indifférence, la fraude, la luxure, la paresse, la dissipation, la mollesse, la sensualité relâchent tous les liens moraux, engendrent l'égoïsme et sont le dissolvant le plus puissant des sociétés.

CHAPITRE III.

Les pouvoirs publics.

DE LA SOUVERAINETÉ.

La féodalité posait, en principe, que la souveraineté existait tout entière, à tous les degrés de l'échelle sociale, vis-à-vis de ceux qui étaient placés au-dessous : la monarchie concentrait la souveraineté dans la personne du monarque, et en limitait plus ou moins l'exercice dans les autres agents du pouvoir. De nos jours, on met la souveraineté dans le peuple, et on dit que le peuple est souverain.

Mais, en réalité, ni le peuple, ni les rois, ni les seigneurs féodaux n'ont jamais été souverains; en réalité, ils n'ont jamais pu mettre impunément leur volonté à la place de la véritable loi. La souveraineté ne réside pas dans l'homme; ce n'est pas sa volonté capricieuse qui est la loi des nations.

Les dépositaires du pouvoir, quels qu'ils soient, peuvent exercer la souveraineté, mais à la condition de se conformer à la raison, sans quoi il n'y aura que désordre et que malaise. Les rois, les seigneurs, les peuples n'ont point été souverains, ils ont été seulement *les organes du souverain;* leur volonté n'a point été la véritable loi; leur raison seulement, quand elle est dans le vrai, a été la véritable loi.

Le peuple est souverain; je le veux bien, mais à qui reconnaîtrons-nous le droit de limiter le principe? Si le peuple est souverain, quiconque est du peuple participe à la souveraineté. Qui vous a donné, à vous qui n'êtes qu'une personne, le droit de dire que moi, qui suis une personne au même titre que vous, je n'ai aucune part à la souveraineté, parce que je n'ai pas ou votre âge, ou votre sexe? Suis-je donc moins du peuple que vous?

Le principe de la souveraineté du peuple ne doit exclure personne, ou bien il n'existe pas. Le peuple entier réuni ne peut pas logiquement et sans détruire le principe, déclarer que vous êtes du peuple, mais que vous ne participerez pas à sa souveraineté; il ne le peut pas, même avec votre consentement. Exclure du droit de souveraineté un enfant, un idiot, c'est détruire le principe, c'est le soumettre à quelque principe supérieur, auquel il demeure subordonné. Si c'est en vertu de la raison que vous excluez les enfants et les idiots, vous mettez la souveraineté de la raison au-dessus de la souveraineté du peuple.

Je ne sache pas qu'on ait encore protesté contre la limite d'âge et demandé pourquoi un an, un mois, un jour de plus ou de moins font qu'on participe ou qu'on ne participe pas à la souveraineté, dans un pays où la souveraineté appartient à tous; mais quelques voix ont protesté hautement contre l'exclusion des femmes. Les femmes ont voulu voter, elles ont voulu siéger à l'Assemblée nationale et participer aux affaires publiques. Je sais bien qu'il y a des gens qui les envoient filer leur quenouille et allaiter leurs enfants; mais les femmes n'en ont pas été moins logiques. Je ne dis pas pour cela qu'elles aient eu raison; la raison et la logique ne sont pas sœurs.

Une femme trop célèbre a décliné l'insigne honneur qu'une autre femme, avide

loi, c'est-à-dire la raison où cette loi réside.

Le lien des sociétés humaines, c'est la religion, la charité, la justice et la solidarité (34); l'Etat n'a sous sa juridiction que l'ordre qui naît de la solidarité et de la justice (39). Qui sera donc ici-bas l'interprète de ces deux lois? qui sera le souverain visible des Etats? Eh! qu'importe qu'il soit roi ou peuple, qu'il soit un ou plusieurs, qu'il s'appelle sénat, consul ou président, qu'il soit électif ou héréditaire? qu'importe, pourvu qu'il soit l'organe de la véritable loi et qu'il ne se mette pas en lutte contre la raison?

Toutefois ces formes ne sont point indifférentes, en ce sens qu'elles ne peuvent pas être appliquées indifféremment dans tous les temps. C'est ce qui fait qu'aux yeux des nations, la forme devient principe et que les hommes s'attachent à la forme comme au principe lui-même. Avec ces explications, nous admettons volontiers que la souveraineté du peuple est un principe, que la légitimité est un principe et qu'il y a encore d'autres principes.

L'AUTORITÉ.

41. Sans l'autorité, les dépositaires du pouvoir ne pourraient accomplir leur œuvre.

La raison commande au nom des lois de notre nature, au nom de Dieu auteur de ces lois, au nom de la vérité, avec une force qui souffre la contradiction, mais qui est invincible. La raison devient ainsi le principe de l'autorité dans les magistrats; elle leur confère le droit de parler en son nom et de dicter des lois; elle impose à la foule des citoyens le devoir de se soumettre à ces lois.

Le droit que la raison donne aux magistrats n'est point capricieux et conventionnel; il est supérieur à tout ce qui dépend de la volonté de l'homme.

Aussi, c'est par lui que les dépositaires du pouvoir acquièrent cet ascendant qui va quelquefois jusqu'à la vénération, c'est par lui qu'ils imposent aux peuples soumission, déférence et respect.

Quand l'élément de l'autorité est bien établi, l'Etat est pleinement constitué; il est bien réglé. Le corps politique est vigoureux et bien portant, s'il est permis de s'exprimer ainsi; mais aussi lorsque l'autorité s'en va, l'Etat perd sa force, il tombe en langueur et dépérit. C'est alors le temps des conspirations et des guerres civiles, c'est le temps de l'élévation des chefs d'armée. Cela arrive, soit lorsque les dépositaires de l'autorité ne comprenant plus leurs devoirs, s'écartent des règles de la prudence et de la justice, soit lorsque les peuples, pervertis par de mauvaises doctrines, considèrent les vertus sociales comme des chaînes inventées par les tyrans et par les oppresseurs de l'humanité, et qu'ils n'ont plus pour but que de satisfaire leurs passions sensuelles.

DE LA FORCE.

42. Il ne suffit pas à l'homme d'avoir une volonté et de pouvoir prendre un parti, il faut encore qu'il le mette à exécution. Cette force, qui suit la volonté et qui est toujours à ses ordres, est dans l'homme une puissance qui ne se meut pas d'elle-même, qui ne peut pas se mouvoir, mais qui est mue par la volonté. La nature donne à cette force une intensité variable suivant les individus, et la volonté use à son gré de la force dans toute son intensité, ou seulement suivant une partie de cette intensité.

La puissance de l'homme n'est mue que par la volonté; la volonté obéit à la règle de la raison ou à l'impulsion des passions. Ce qui se passe dans l'homme se passe aussi dans le gouvernement des Etats.

Les dépositaires du pouvoir ne peuvent pas se borner à des volontés stériles; par l'autorité, leurs décisions deviennent les décisions de tous; par la puissance, ils mettent ces décisions à exécution. Une grande force publique est donc à leur disposition. Quand la volonté qui meut la force publique est gouvernée par la raison, alors tout est dans l'ordre; mais quand la force publique tombe au pouvoir des passions, alors il y a violence, déchirements, secousses alternatives; la société est comme une terre agitée par ces grands tremblements qui engloutissent les montagnes et qui changent la surface du globe.

LÉGISLATION.

43. Le souverain exerce tous les pouvoirs de l'Etat, il est législateur, c'est-à-

dire qu'il détermine la condition des personnes et celle des propriétés. Il est administrateur, c'est-à-dire qu'il dirige la société dans les diverses branches des services publics.

En 841, malgré la victoire de Fontenay, Charles-le-Chauve, désormais incapable de protéger les personnes et les propriétés, annonça que tout homme libre pourrait choisir pour seigneur qui il voudrait du roi ou des autres seigneurs. C'est qu'alors il se passait quelque chose de nouveau dans la société. Il y avait deux sortes de terres dans l'Etat, deux sortes de personnes et deux sortes de droits. Il y avait les fiefs, institués par Charles-Martel, et les terres libres ou alleux; il y avait les vassaux, possesseurs de fiefs, et les hommes libres, propriétaires d'alleux. L'organisation féodale était forte et puissante; le pouvoir de l'Etat, sapé de toutes parts, tombait en ruines. Les vassaux et les fiefs étaient protégés; les propriétaires et les alleux ne l'étaient plus. Les hommes libres éprouvaient le besoin de se transformer en vassaux et de convertir leurs alleux en fiefs. Au milieu des guerres civiles qui désolèrent la France sous les successeurs de Charles-le-Chauve, on vit partout les habitants des campagnes se placer sous la protection des hommes de guerre et les villages se construire au pied des châteaux. Le seigneur protégeait les personnes et les propriétés, le vassal s'engageait en échange à des services déterminés.

Ces rapports réciproques, nés de besoins que personne n'avait créés, engendrèrent des coutumes qui varièrent comme les localités; ces coutumes servirent de lois dans les seigneuries. Citons quelques exemples.

En Bretagne, il n'y avait pas de francs-alleux, et nul n'y tenait terre sans seigneur. Dans la Marche ou Limousin tous les hommes étaient libres; mais il y avait des terres serves et des terres mortaillables; les tenanciers de ces terres étaient serfs de propriété, mais non pas de corps (*a*). Dans tous les États du comte de Toulouse, il y avait beaucoup de terres libres ou francs-alleux; ces terres étaient possédées en toute franchise par des hommes libres qui ne relevaient d'aucun seigneur et qui n'étaient pas seigneurs eux-mêmes.

Dans la Marche, l'homme d'héritage serf pouvait acquérir et posséder l'héritage franc, parce qu'il était franc lui-même. S'il quittait l'héritage serf, il pouvait le reprendre avant trente ans, en payant les droits échus, et le seigneur ne pouvait s'y opposer.

(*a*) La terre serve était celle que le tenancier ne pouvait aliéner à aucune condition, sous peine de voir l'héritage dévolu en toute propriété au seigneur.

La terre mortaillable pouvait, sans l'agrément du seigneur, être vendue à un homme de la même seigneurie et de la même condition.

A Blois, les fiefs pouvaient être acquis et possédés par homme et par femme, par noble et par roturier.

Dans le pays de Bar, le vassal ne pouvait échanger le fief sans le consentement du seigneur. En Berry, le vassal le pouvait et même sans en instruire le seigneur.

Toutes les personnes du pays de Bourges, Issoudun, Dun-le-Roi et Vierzon étaient libres et de franche condition. En Auvergne, il n'y avait de gens de main-morte qu'au pays de Combrailles.

En Bourgogne, l'homme franc devenait main-mortable pour lui et pour sa postérité, quand il allait demeurer en lieu de main-morte et y prenait terre; mais il cessait d'être main-mortable, en déclarant qu'il ne voulait plus l'être et qu'il renonçait à ses biens meubles et héritages de main-morte (*a*).

Chaque pays, chaque époque fourni-

(*a*) V. le *Recueil des coutumes de France*. — V. l'*Histoire du Languedoc*, par les Bénédictins.

rait mille exemples pareils pour confirmer nos assertions. Concluons donc que, *dans la suite des temps, il survient des rapports nouveaux et des besoins nouveaux, et qu'à ces besoins, que personne n'a créés, correspondent des coutumes nouvelles, des mœurs nouvelles et une législation nouvelle.*

Il y a dans cela un développement graduel de la loi de solidarité. C'est ce développement qui crée des rapports nouveaux entre les personnes, des conditions nouvelles dans la propriété, puis des mœurs nouvelles et une législation appropriée à ces mœurs et à ces besoins. L'homme ne peut y échapper, car la loi de solidarité le domine (38).

44. *L'Etat peut infliger des peines à celui qui transgresse les lois.*

C'est un devoir pour l'Etat de protéger les citoyens dans leur condition et leur propriété; c'est encore un devoir pour l'Etat de maintenir son autorité forte et intacte (40).

Les citoyens seront protégés, si toutes les fois qu'ils sont lésés, ils obtiennent une compensation équivalente au dommage qu'ils ont souffert; l'autorité de l'Etat sera maintenue, si toutes les fois qu'elle est ébranlée par la violation des lois, elle reçoit aussitôt une compensation équivalente.

Or, quelle compensation peut-il exister pour les lois violées? La conscience publique et le simple bon sens répondent qu'il n'y en a pas d'autre que la punition du coupable. Cette punition est donc légitime; elle est nécessitée par l'accomplissement d'un devoir.

45. Les châtiments que les hommes ont le plus employés sont les peines corporelles, le fouet, la mutilation, et jusqu'à la mort; ensuite la confiscation de la propriété par l'amende et par la saisie des immeubles, la privation de la liberté, par la prison, par l'asservissement à un travail forcé, par l'esclavage

absolu, par l'exil et par la déportation. L'homme, qui ne pouvait recevoir aucune atteinte dans sa liberté et dans sa sensibilité, a perdu ce droit en transgressant la loi morale; c'est un ange déchu.

46. *La nature et la gravité des châtiments sont déterminés par la condition sociale des peuples.*

Le châtiment doit être efficace, c'est-à-dire qu'il doit protéger les citoyens dans la condition qui est faite à leurs personnes et à leurs propriétés; il doit maintenir entière et puissante l'autorité de l'Etat. Au-delà de cette mesure, qui le rend efficace, le châtiment est une cruauté; en deçà de cette même mesure, il est insuffisant et dérisoire.

Mais cette mesure varie suivant la condition des peuples. De nos jours, il a fallu appliquer la peine capitale à l'homicide volontaire qui, dans d'autres temps, ou dans d'autres lieux, n'a été puni que par la privation de la liberté ou même par une simple amende (*a*). La pénalité qui suffit est la seule juste ; la pénalité n'a de règle que la mesure qui la rend efficace.

47. Par sa nature, le châtiment est donc *juste*, cela a été démontré (44) ; il est *répressif*, car il réprime le mal et le répare; il est *préventif*, car il prévient, en intimidant, le mal qui pourrait se faire (*b*). Nous disons de plus qu'il est *salutaire* pour celui qui le reçoit et qu'il le dispose à l'amendement et à l'amélioration. En effet, toute peine ren-

(*a*) Chez les Francs, le meurtre d'un évêque était puni d'une amende de neuf cents sous d'or ; celui d'un esclave de trente six sous seulement. Le meurtre d'un Gallo-Romain était puni d'une amende moitié moindre que celui d'un Franc de même condition.

(*b*) Il y a une intimidation qui consiste à effrayer : mais il y en a une autre qui donne à tout le monde, aux bons comme aux méchants, la certitude que la oi ne sera pas impunément violée. Cette deuxième sorte d'intimidation, la seule dont il s'agisse ici, n'effraie point le méchant, mais elle le contient.

ferme essentiellement deux parties, l'une toute matérielle, qui consiste dans une amende, une prison, etc., et l'autre toute morale, par laquelle le coupable est vivement porté à reconnaître qu'il est coupable et que son crime le déshonore. Cette humiliation, bien ménagée, est un stimulant profond qui peut ramener au bien l'homme le plus criminel.

Le législateur n'oubliera donc pas que la peine doit être *juste*, *répressive*, et qu'elle doit, autant que possible, *porter à l'amendement*. Il faut aussi qu'elle soit *préventive*; la peine qui n'est pas préventive est insuffisante pour maintenir l'autorité de l'Etat, tant est grande la force de l'exemple et tant l'impunité le rend contagieux.

48. Nos lois actuelles ont supprimé tout châtiment corporel; mais elles frappent le coupable par l'amende, la prison, la détention, les travaux forcés, l'exil, la déportation, l'exposition et la mort.

Presque toutes ces peines s'attaquent directement à la liberté du coupable et restreignent le libre exercice de ses facultés actives. Quelques-unes, comme l'exposition, les travaux forcés, etc., vont au cœur de l'homme même ; elles flétrissent son honneur, en le signalant comme un être dégradé, parce qu'il a méprisé la loi du devoir. D'autres, comme l'exil et la prison, ne restreignent la liberté qu'à certains égards seulement ; mais les travaux forcés sont un véritable asservissement. La liberté du forçat ne lui appartient plus, la direction de ses facultés actives ne lui appartient plus, le fruit même de son travail ne lui appartient plus ; c'est un esclave public, un esclave qui appartient à l'Etat, mais qui ne peut être vendu et devenir un esclave privé. Nous nous arrêterons là ; nous ne voulons dire rien de blessant pour les oreilles modernes ; nous voulions seulement faire remarquer que l'esclavage est la suite juste et nécessaire du mal, qu'il est conservé dans nos lois sous une de ses variétés et sous un nom qui le déguise, et qu'il le sera certainement toujours.

ADMINISTRATION.

49. L'administration consiste dans l'art de diriger les divers services publics. Cet art, qui ne doit jamais être en désaccord avec la loi morale, varie cependant comme la condition sociale des peuples; il ne saurait être aujourd'hui ce qu'il était il y a deux cents ans, ce qu'il était il y en a six cents, il y en a mille.

Il doit y avoir unité de but et unité d'action de la part de tous les fonctionnaires de la même administration, et, par conséquent, une entière subordination. Un fonctionnaire ne doit jamais oublier que la tête est au sommet de l'administration et que les yeux et les bras se trouvent en descendant l'échelle administrative.

Les emplois ne sont pas créés pou les fonctionnaires, ce sont au contraire les fonctionnaires qui sont créés pour les emplois; aussi, les fonctionnaires doivent-ils avoir la vocation de leur emploi et montrer du dévouement. Une pénalité administrative doit rappeler sans cesse les délinquants à ce devoir. De plus, l'inamovibilité des emplois ne saurait être bonne que quand elle est commandée par l'intérêt public; hors de là, elle n'est qu'un abus.

CHAPITRE IV.

Transformation des idées sociales.

50. *Une idée, qui passe dans les œuvres, n'arrive à son entier développement qu'après un long espace d'années.*

Nous prenons pour exemple l'idée de *partage* dans l'empire romain. La première fois que cette idée se présenta, ce fut après la mort de Pertinax, lorsque Didius Julien, qui avait acheté l'empire, voulut le partager avec Septime Sévère. Celui-ci dédaigna une pareille offre et fut empereur tout seul. Quelques années après, en 211, Geta et Caracalla furent empereurs ensemble, et leur mère eut bien de la peine à les empêcher de partager l'empire. Il y eut après eux plusieurs empereurs qui gouvernèrent conjointement et qui partageaient ainsi l'autorité; c'était un premier pas, un premier développement de l'idée de partage. Le second se fit sous Dioclétien, en 284; les provinces furent partagées pour l'administration, mais l'empire continua de former un seul tout. En 332, Constantin transporta le siége de l'empire à Byzance, et il y eut deux capitales. Après les deux capitales, on vit se former deux empires sous les empereurs Valentinien Ier et Valens, en 364. Cependant, l'empire romain, quoique partagé, n'était pas encore désuni ; le démembrement s'opéra avant la désunion, et c'est au nom de l'unité de l'empire, qu'au sixième siècle l'empereur Justinien revendiqua l'Italie, et en fit la conquête sur les barbares.

Ainsi, l'idée de partage qui se développa chaque jour, depuis le premier moment de son apparition, à la fin du deuxième siècle, et qui fit chaque jour de nouveaux progrès, n'avait pas atteint son entier développement deux siècles plus tard, lorsque l'empire d'Occident fut détruit.

51. *Une révolution sociale n'est l'œuvre que de plusieurs siècles.*

Depuis que le royaume des Francs existe, c'est-à-dire depuis plus de quatorze cents ans, il s'est accompli dans notre pays deux révolutions sociales complètes.

On sait quelle était la condition des

personnes et celle des propriétés dans la Gaule romaine; l'invasion des barbares vint apporter de grandes modifications. L'œuvre de la féodalité se prépara, se poursuivit et s'accomplit à travers bien des vicissitudes.

A l'avénement de Hugues Capet, la plupart des terres étaient inféodées. Les charges s'inféodaient aussi, tout ce qui était sujet à possession s'inféodait (*a*).

(*a*) Geoffroy Grise-Gonelle, comte d'Anjou, reçut du roi la charge héréditaire de sénéchal de France. Cette charge fut donnée en fief, et, au temps du roi Louis-le-Gros, Guillaume Garlande rendit hommage à Foulques V d'Anjou pour ce fief.

V. le président Hénault.

Humbert II, dauphin du Viennois, accepta en fief une rente sur le trésor du roi Philippe-le-Bel et devint par là vassal de ce prince.

Le seigneur de La Garde tenait en fief du dauphin, la personne de Pierre, du hameau de Chanterelle, paroisse de Saint-Agrippan, dépendance de Saint-Robert de Cornillon. Il pouvait lever à volonté, sur la personne de Pierre et de ses descendants, des tailles d'argent jusqu'au cri de *merci*. Il vendit ce fief au prieur de Saint-Cornillon, moyennant sept

Les hommes étaient à l'état de vasselage et de servage. C'est l'habitude de maudire ces temps féconds en grandes misères ; mais il est vrai de dire aussi que c'est pour échapper à ces misères que les hommes couraient au-devant du vasselage (43) et inféodaient leurs alleux (*a*) ; ils le faisaient librement, parce qu'ils ne

---

livres viennoises, et le prieur racheta l'hommage qu'il devait au dauphin, pour cent des mêmes livres.

V. *Histoire du Dauphiné*, par le président de Valbonnays.

(*a*) Après la bataille de Fontenay, les trois frères Lothaire, Louis et Charles-le-Chauve firent un traité, à la suite duquel Charles-le-Chauve annonça que tout homme libre pourrait choisir pour seigneur qui il voudrait du roi ou des autres seigneurs.

Les possesseurs d'alleux se pressèrent plus ou moins de convertir leurs alleux en fiefs, suivant le besoin qu'ils éprouvèrent de se mettre sous la protection des seigneurs.

Le comte de Genève, ayant eu besoin de la protection du dauphin, se rendit son vassal et lui soumit son comté.

Ce ne fut que plus tard encore que Thomas, marquis de Saluces, se décida à remettre au dauphin,

trouvaient que dans cette condition une protection, plus ou moins assurée, plus ou moins efficace, pour leurs personnes et pour leurs propriétés. Ainsi, dans ces temps où plusieurs peuples d'origines diverses étaient superposés, mêlés et tendaient à opérer leur fusion, la protection des personnes et la protection des propriétés étaient le but et la fin de l'organisation féodale. Les malheurs du temps étaient au-dessus de toute puissance humaine; on ne trouvait de protection que dans le vasselage et dans l'inféodation.

---

pour les tenir de lui en fiefs, les terres qu'il avait jusque-là possédées en francs-alleux.

V. le président de Valbonnays.

Cependant, dans la province de Narbonne, entre le Rhône et la Garonne, les bourgeois des villes et les autres personnes libres continuèrent, après la guerre des Albigeois, à posséder la plupart de leurs terres en francs-alleux, suivant la coutume observée de tout temps dans le pays.

Histoire du Languedoc, par les Bénédictins.

Cette révolution féodale a mis six cents ans pour arriver à son plus haut point de développement.

Dès ce moment commença une seconde révolution sociale, celle de la monarchie tempérée, dont le développement a duré aussi environ six cents ans. Cette révolution sociale s'accomplissait au profit de l'autorité royale et de l'affranchissement du peuple. Elle a fondé les communes sous la protection des rois et sous celle des hauts barons (*a*). Elle a détruit le servage, d'abord dans les domaines du roi, et, avec le temps, dans presque toutes les provinces. Les propriétés ont cessé gra-

(*a*) Si les rois ont affranchi, dans leurs domaines, les villes de Laon, Soissons, Amiens, etc. et leur ont donné des chartes, les ducs de Bourgogne ont affranchi de leur côté les villes de Dijon, Sémur, Chatillon, Montbard, etc. (V. *Hist. de Bourgogne*, par Paradin); les comtes de Flandres ont affranchi les villes de Gand, Bruges, Ypres, etc. (V. les *Chroniques de Flandres*, par Pierre Oudegherst.)

duellement d'être inféodées ; elles sont devenues libres et se sont vendues librement. Les hauts barons ont disparu ; les seigneurs ont formé le corps de la noblesse. Il y a eu une bourgeoisie, des artisans et des paysans libres. La condition des personnes et celle des propriétés ont changé. Après Louis XIV, il ne restait plus que des traces impuissantes de l'ancienne féodalité ; elles ont toutes disparu devant la révolution nouvelle qui s'opère aujourd'hui.

Prenons un troisième exemple dans les temps anciens, celui qui est le plus connu de nous tous. Les institutions de Romulus et de Servius-Tullius avaient fait de Rome une puissante aristocratie. Le principe de l'égalité se développa graduellement et dans des luttes continuelles, depuis le premier jour de la république jusqu'à celui de sa fin. Plébéiens et patriciens, tous deviennent égaux. Ces petites propriétés, cultivées d'abord par des mains consulaires et qui ne pouvaient s'étendre au-delà d'une certaine limite, devinrent immenses et furent abandonnées aux soins des esclaves. Cette révolution sociale fut aussi l'œuvre de plusieurs siècles, elle se termina par l'égalité dans la servitude.

Concluons donc qu'*une révolution sociale est toujours l'œuvre de plusieurs siècles et qu'elle ne peut s'accomplir que graduellement et lentement.*

LA LIBERTÉ.

52. Que pensez-vous de cette idée mobile que chacun place où il veut et voit où il lui plaît? Il y a en Turquie des gens qui se croient libres; il y en a à Saint-Pétersbourg; il y en avait sous Louis XIV, et il y en avait au temps de Philippe-Auguste. Ne riez pas de ces bonnes gens; car aujourd'hui, en pleine république, nous ne sommes pas tous

d'accord sur le degré de liberté dont nous jouissons, ni sur la nature de la liberté elle-même. Que pensez-vous donc de cette idée mobile que chacun place où il veut et voit où il lui plaît ?

Au point de vue de l'initiative première, de la détermination personnelle, l'homme est libre ; il est absolument libre, parce que cette détermination, il la prend sans entraves et qu'elle lui est imputable.

Si rien ne bornait la connaissance humaine, l'homme, dans ses déterminations, serait infiniment libre. Il connaîtrait tout ; et, tout ce qu'il est possible de vouloir, il pourrait le vouloir.

Au point de vue de la détermination, l'homme a donc une liberté absolue dans tout le domaine de ses connaissances.

Au point de vue de l'action, qui est le but de la détermination, l'homme n'est pas absolument libre, parce que sa puissance a des limites. Il serait absolument libre, si cette puissance était sans entraves; si, tout ce qu'il veut, il pouvait le mettre à exécution.

La liberté de l'homme est donc bornée 1° par les limites de sa connaissance, 2° par les limites de sa puissance.

Mais, dans ces limites, la liberté serait pleine et entière si le domaine de la connaissance n'était pas plus étendu que celui de la puissance, si tout ce qu'il connaît et qu'il peut vouloir, l'homme pouvait aussi l'exécuter.

Par la volonté de Dieu, la nature de l'homme est ainsi faite que le domaine de ses déterminations surpasse celui de sa puissance. Il ne connaît pas tout, mais ce qu'il connaît et qu'il peut vouloir, il ne peut pas tout l'exécuter. Je voudrais m'élever dans les airs avec la vitesse et la liberté de l'oiseau, je ne le puis. Aussi le sage modère son vouloir sur son pouvoir.

La liberté d'action dans l'homme est subordonnée à la force des lois naturelles ; elle se soumet elle-même à la sainteté des lois morales. C'est par cette double soumission que l'homme augmente sa puissance de toute la puissance des lois naturelles, et son autorité de toute l'autorité des lois morales.

Il ne reste donc à l'homme pour toute liberté que *le plein exercice de ses facultés actives, sans autres limites que celles qui sont imposées par les limites de sa connaissance, ou commandées par la prudence et par la vertu.*

53. Quand la force active de l'homme est guidée par la connaissance *à priori*, elle marche sûrement à son but, et l'homme use sagement de sa liberté. Mais quelquefois l'homme tente l'inconnu ; il s'engage dans des actes dont il ne voit pas la fin, et dans des voies que l'imagination seule a créées ; il marche à l'abîme.

Si tel homme, tel peuple a une connaissance supérieure de moitié aux connaissances de tel autre homme, de tel autre peuple, le premier peuple aura besoin d'une liberté deux fois plus étendue que le second, ou d'une sagesse et d'une modération deux fois plus grande, suivant que le domaine de ses connaissances dépassera ou ne dépassera pas celui de sa puissance.

Lorsqu'une minorité a des idées plus larges que ne le comporte la condition sociale d'un peuple et qu'elle parvient à les établir, sa domination est oppressive et tyrannique; elle enfante des orages.

ÉGALITÉ.

54. Les trois grandes révolutions de 1789, 1830 et 1848 ont proclamé l'égalité des citoyens; mais il est plus aisé de mettre l'égalité dans les lois que dans les mœurs. Les lois ne doivent être en résumé, comme les mœurs, que l'expression des besoins (43); à ce point de

vue, quelle sera donc définitivement la somme d'égalité légale qui nous convient? Et d'où vient ce principe d'égalité qui fait la base de notre droit politique moderne? Qui a posé ce principe? Ce n'est ni vous, ni moi, ni personne au monde. Il vient d'où venait la monarchie, d'où venait la féodalité, et d'où sont venus tous les principes qui ont présidé aux destinées des nations, et il ira où sont allés tous ces principes. Cela est fatal, et nulle puissance humaine ne peut en empêcher l'accomplissement.

C'est à l'homme d'état de dire quelle est la somme d'égalité qui nous convient; lui seul peut recueillir les faits propres à éclairer le législateur; lui seul est en position de recevoir la vérité de tous les points du sol et de l'avoir tout entière. Pour nous, pauvres mortels, nous n'avons vue qu'autour de nous; nos renseignements sont bornés. D'ailleurs les prétendus sages, qui ont voulu résoudre cette question, n'ont-ils pas fait des chutes ridicules?

55. *L'égalité ne se trouve ni dans les individus, ni dans les faits; elle n'existe que dans les lois.*

Les hommes sont égaux; mais ils n'ont ni la même stature, ni la même vigueur, ni les mêmes appétits; leur vue n'est pas également bonne, leur ouïe n'est pas également fine; ils n'ont pas la même intelligence, la même sensibilité, la même aptitude. La nature a réparti l'inégalité dans des êtres égaux.

Les chênes des forêts ne sont pas également beaux, également forts. Deux glands du même arbre sont tombés, l'un dans un terrain maigre et rocailleux et l'autre dans une bonne terre. Le premier a produit un arbre chétif, qui végète avec peine, et l'autre un chêne vigoureux, qui étend ses longs rameaux et couvre au loin la terre. D'où vient cette inégalité? Si le premier gland fût tombé dans la bonne terre, lui aussi il aurait produit un chêne robuste et majestueux, tandis que l'autre, dans une terre maigre, n'eût donné qu'un chêne petit, mince et rabougri. Que résulte-t-il de là ? Accuserons-nous le ciel de cette inégalité, et dirons-nous que Dieu est injuste ? Non ; nous dirons simplement que la loi est la même pour les deux arbres, mais que les circonstances n'ont pas été les mêmes.

Ainsi pour les hommes ; l'égalité est dans toutes les lois, l'inégalité est dans tous les faits, parce que la nature et l'homme préparent les circonstances et qu'ils les préparent inégales. Les hommes ne sont pas tous également actifs, également industrieux, également économes ; ils ne seront pas tous également riches. De même ils ne sont pas tous aptes à être capitaines, poètes ou législateurs. L'inégalité est partout dans les faits, quand l'égalité est partout dans les lois. Introduisez l'égalité dans toutes les lois positives, vous ferez bien ; mais l'inégalité n'en sera pas moins dans tous les individus et dans tous les faits.

56. *Le principe de la démocratie se corrompt quand on prend l'esprit d'égalité extrême.*

Ecoutons Montesquieu à ce sujet :

« L'amour de la république, c'est l'a-
« mour de l'égalité, qui borne son am-
« bition au seul désir, au seul bonheur
« de rendre à la patrie de plus grands
« services que les autres citoyens. Ils
« ne peuvent pas lui rendre tous des
« services égaux, mais ils peuvent tous
« également lui en rendre. . . . . .

« Le principe de la démocratie se
« corrompt, non seulement lorsqu'on
« perd l'esprit d'égalité, mais encore
« quand on prend l'esprit d'égalité ex-
« trême, et que chacun veut être égal à
« ceux qu'il choisit pour commander.
« Pour lors le peuple, ne pouvant souf-
« frir le pouvoir même qu'il confie,

« veut faire par lui-même, délibérer
« pour le sénat, exécuter pour les ma-
« gistrats, etc. . . . .

« On voit dans le banquet de Xéno-
« phon une peinture bien naïve d'une
« république où le peuple a abusé de
« l'égalité. Chaque convive donne à son
« tour la raison pourquoi il est content
« de lui. *Je suis content*, dit Chamidas,
« *à cause de ma pauvreté; quand j'étais*
« *riche, j'étais obligé de faire ma cour aux*
« *calomniateurs, sachant bien que j'étais*
« *plus en état de recevoir du mal d'eux*
« *que de leur en faire. La république me*
« *demandait tous les jours quelque nouvelle*
« *somme; je ne pouvais m'absenter. De-*
« *puis que je suis pauvre, j'ai acquis de*
« *l'autorité. Personne ne me menace, je*
« *menace les autres; je puis m'en aller ou*
« *rester. Déjà les riches se lèvent de leurs*
« *places et me cèdent le pas. Je suis roi,*
« *j'étais esclave. Je payais un tribut à la*
« *république, aujourd'hui elle me nour-*

« *rit. Je ne crains plus de perdre, j'espère*
« *d'acquérir.* »

« Le peuple tombe dans ce malheur,
« lorsque ceux à qui il se confie, vou-
« lant cacher leur propre corruption,
« cherchent à le corrompre. Pour qu'il
« ne voie pas leur ambition, ils ne lui
« parlent que de sa grandeur; pour
« qu'il n'aperçoive pas leur avarice, ils
« flattent sans cesse la sienne.

« La corruption augmentera parmi les
« corrupteurs, et elle augmentera parmi
« ceux qui sont déjà corrompus. Le
« peuple se distribuera tous les deniers
« publics, et, comme il aura joint à sa
« paresse la gestion des affaires, il vou-
« dra joindre à sa pauvreté les amuse-
« ments du luxe; mais avec sa paresse
« et son luxe, il n'y aura que le trésor
« public qui puisse être, etc. . . .

« Il ne faudra pas s'étonner si on voit
« les suffrages se donner pour de l'ar-
« gent; on ne peut donner beaucoup au

« peuple sans tirer encore plus de lui ;
« mais pour retirer de lui, il faut ren-
« verser l'Etat. Plus il paraîtra tirer
« d'avantage de la liberté, plus il s'ap-
« prochera du moment où il doit la
« perdre. Il se forme de petits tyrans
« qui ont tous les vices d'un seul. Bien-
« tôt ce qui reste de liberté devient in-
« supportable ; un seul tyran s'élève, et
« le peuple perd tout, jusqu'aux avan-
« tages de sa corruption.

« La démocratie a deux excès à évi-
« ter : l'esprit d'inégalité qui la mène
« à l'aristocratie, ou au gouvernement
« d'un seul, et l'esprit d'égalité extrême,
« qui la conduit au despotisme d'un
« seul. . . . .

« Autant le ciel est éloigné de la terre,
« autant le véritable esprit d'égalité
« l'est-il de l'esprit d'égalité extrême.
« Le premier ne consiste point à faire
« en sorte que tout le monde commande
« et que personne ne soit commandé,

« mais à obéir et à commander à ses « égaux; il ne cherche pas à n'avoir « point de maître, mais à n'avoir que « ses égaux pour maîtres.... La place « naturelle de la vertu est auprès de la « liberté; mais elle ne se trouve pas « plus auprès de la liberté extrême « qu'auprès de la servitude. . . .

« Les grands succès, auxquels le « peuple contribue, lui donnent un tel « orgueil, qu'il n'est plus possible de « le conduire. Jaloux des magistrats, il « le devient de la magistrature; ennemi « de ceux qui gouvernent, il l'est bien-« tôt de la Constitution. »

57. *Changements opérés dans la condition des personnes et dans celle des propriétés.*

La question qui a fait le plus de bruit de nos jours est celle de l'organisation du travail; il est facile de voir qu'au fond de cette question, il y a celle de la propriété, et qu'il n'y a que celle-là;

il est donc utile de suivre les transformations de la propriété, sous notre nouvelle ère sociale.

En 1789, la propriété était grevée de dîmes féodales et de dîmes ecclésiastiques. Les premières avaient été réglées entre les suzerains et les vassaux, lorsque ceux-ci reçurent des terres en fiefs, ou lorsqu'ils convertirent leurs alleux en fiefs (43); mais, en 1789, l'organisation féodale n'existait plus, les dîmes devaient donc disparaître; elles furent déclarées rachetables.

Les dîmes ecclésiastiques avaient une autre origine. Dans les premiers temps de la monarchie, au lieu des pensions que l'Etat paie aujourd'hui à ses serviteurs, les rois concédaient en viager des terres, qu'on appelait terres bénéficiaires, ou simplement bénéfices. Les seigneurs et le clergé ont longtemps travaillé à rendre ces bénéfices héréditaires, à une époque où la propriété se transformait aussi, mais où la forme future, que la propriété devait revêtir, était encore inconnue. Ces luttes de la première monarchie sont aussi intéressantes qu'instructives. *Le fisc est devenu pauvre*, disait Chilpéric, *nos richesses ont passé dans les mains de l'Église* (a). Alors les maires de Neustrie, agissant au nom du roi, dépouillèrent tout à la fois et l'Église et les leudes, qui détenaient les bénéfices. Pépin d'Héristal, maire d'Austrasie, et chef du parti des novateurs, s'empara de la Neustrie, sous prétexte de protéger et les leudes et l'Église. Mais Charles-Martel, fils du même Pépin, placé dans des conditions différentes, quoiqu'à la tête du même parti, distribua à ses capitaines, à titre de fiefs, toutes les terres de l'Église, et créa ainsi des difficultés pour ses suc-

(a) Grégoire de Tours, livre VI, chap. 46.

cesseurs. Pépin-le-Bref (*a*) et, après lui, Charlemagne (*b*) établirent, par mesure de conciliation, la dîme ecclésiastique sur les terres qui avaient appartenu à l'Église. Telle est l'origine de cette dîme, qui fut définitivement supprimée en 1789 (*c*).

Avant cette fameuse nuit du 4 août, qui détruisit tout ce qui restait encore de l'institution féodale, la noblesse et le clergé avaient déjà pris la résolution de renoncer à tous leurs priviléges de naissance et de condition, à tous les droits féodaux sur les personnes et sur les choses, et de supporter avec égalité toutes les contributions et toutes les charges de l'Etat (*d*). Ce fut là une

---

(*a*) Concile de Leptine, 743.—Capit. de Metz, 756.

(*b*) Capit. de Francfort, 794. — Capit. de Worms, 803.

(*c*) Séance de nuit du 4 août 1789. — Décret du 12 août 1789.

(*d*) Déclaration des députations de la noblesse et

grande modification dans la condition des personnes et la première origine des modifications que la propriété devait subir ensuite.

Bientôt la loi abolit le droit d'aînesse et établit l'égalité dans le partage des successions. Cette mesure a détruit la grande propriété et multiplié les propriétaires à l'infini. Qu'arrivera-t-il encore? Demandez aux clairvoyants. Nous en connaissons plusieurs, qui tous réunissent cent mille voix aux élections populaires, et tous ils font à cette question des réponses différentes ou même contradictoires.

58. Mais il y a toujours eu et il y aura toujours des novateurs qui appel-

---

du clergé à l'assemblée du tiers-état, le 23 mai 1789. — Mais déjà, pendant tout le XVIIIe siècle, les seigneurs, par insouciance, et peut-être par suite de cette influence invincible qui prépare l'avenir, négligeaient la bonne confection de leurs *terriers*, et laissaient ainsi tomber en désuétude et périr, l'un après l'autre, plusieurs de leurs droits féodaux.

leront de loin les transformations et qui devanceront l'heure des temps; il y en aura toujours qui saisiront mal les principes, et, dans tous les cas, leur logique sera moins patiente que l'œuvre de l'humanité. Il ne faut pas s'en effrayer; les révolutions sociales ne viennent que dans leur temps et ne se développent qu'avec le temps. Il appartient à l'homme de les constater, mais non pas de les établir; quand il les a constatées, il peut les diriger en paix.

L'assemblée la plus sage de la terre ne put ni retarder, ni précipiter le cours de la révolution romaine. Les plus grands génies, dans divers temps, Charlemagne, saint Louis, Napoléon, n'ont songé qu'à étudier et qu'à diriger le mouvement de leur époque; que pourraient donc quelques myrmidons?

Si vous avez de la résolution et de la persévérance, vous aurez avec vous toute la force morale; vous aurez le cœur et le bras des peuples. Mais si, par faiblesse, vous laissez réhabiliter et glorifier les passions sensuelles; si votre unique but est de poursuivre sans cesse et partout l'objet de leur convoitise, oh! alors vous appelez les orages, et ceux qui vous auront suivi avec le plus d'ardeur seront les premiers à vous jeter à la mer; car les mauvaises passions n'ont que des appétits, elles n'ont pas d'affections. Prenez-y donc garde; les naissances illégitimes, l'amour effréné du luxe, la recherche de toutes les délicatesses sont de mauvais symptômes et s'accordent mal avec l'amour de l'égalité. Soyez convaincus que les vertus sociales reprendront leur empire, lorsque chaque père comprendra qu'à lui seul incombe le soin de nourrir et d'élever ses enfants, lorsque la rougeur lui montera au front à l'idée qu'ils mangent le pain d'autrui, lorsqu'il saura trouver plus de bonheur dans la modestie de sa position que dans les vains attraits d'un luxe et d'un orgueil qui le ruinent.

Cessez donc de proclamer je ne sais quel progrès, de convier le peuple au partage égal des jouissances sensuelles et de diriger tous ses efforts vers ce but. O fin vraiment digne des pourceaux! Est-ce donc pour cela que l'homme a reçu cette vaste intelligence et cette âme immortelle? Est-ce donc pour cela qu'il lui a été donné de connaître la loi du devoir, et que, par cette loi, la religion le rattache à Dieu même, principe et fin de tout?

J'en ai dit assez pour être compris. La société ne se soutient pas seulement par son organisation matérielle; ceci est capital.

FIN.

Impr. de Pommeret et Moreau, quai des Augustins, 17.

www.ingramcontent.com/pod-product-compliance
Ingram Content Group UK Ltd.
Pitfield, Milton Keynes, MK11 3LW, UK
UKHW012048240726
13965UKWH00003B/1131

9 782012 969476